# BELLES ACTIONS.

# RÉCOMPENSES MUNICIPALES.

VILLE D'AMIENS.

# RÉCOMPENSES MUNICIPALES

POUR

## BELLES ACTIONS.

## PROCÈS-VERBAL

DE LA

## DISTRIBUTION SOLENNELLE

du 24 Décembre 1854.

TYPOGRAPHIE
DE E. YVERT, RUE SIRE-FIRMIN-LEROUX, 24.

1855.

## VILLE D'AMIENS.

# DISTRIBUTION SOLENNELLE

DE

# RÉCOMPENSES MUNICIPALES

POUR

# BELLES ACTIONS.

**24 Décembre 1854.**

Le Dimanche 24 Décembre 1854, dans la grande salle de l'Hôtel-de-Ville,

En présence de M. le Comte **VICTOR DU HAMEL**, Préfet du département de la Somme,

Des autorités et fonctionnaires civils, militaires et ecclésiastiques et d'un grand concours de citoyens,

Et à l'issue de la séance publique dans laquelle M. le Préfet a décerné des récompenses aux ouvriers les plus méritants de l'industrie du département de la Somme,

M. ALLART, Député au Corps législatif, Maire de la ville d'Amiens, accompagné de MM. les Adjoints et de MM. les Membres du Conseil municipal,

A procédé, au nom de la Ville, à la distribution des médailles et des prix accordés, pour actes de dévouement, en vertu de la délibération du Conseil municipal, en date du 2 Décembre courant, approuvée par arrêté de M. le Préfet du 16 du même mois.

M. le Maire a prononcé, à cette occasion, le discours suivant :

« MESSIEURS,

» La touchante cérémonie qui vient d'avoir lieu sous le » patronage auguste de l'Empereur, nous prouve tout le » prix que la Société attache aux vertus de l'homme mo- » deste, voué au travail de ses mains.

» Guidé par une si haute pensée, et voulant s'y associer, » le Conseil municipal a décidé, dans l'une de ses dernières » séances, qu'une distribution de médailles et de primes » d'honneur serait faite à ceux qui, dans la commune, se » sont le plus distingués par de belles actions; et, pour » que cette distribution reçût plus d'éclat, il a voulu qu'elle » coïncidât avec les récompenses que le premier magistrat » du département vient de décerner aux ouvriers.

» Nous venons donc profiter de la solennité imprimée par » l'Autorité supérieure à cette fête de l'industrie, pour accom- » plir la mission qui nous est confiée.

» Et, d'abord, qu'il nous soit permis de remercier M. le » Préfet, au nom du Corps municipal, des bienveillantes » paroles qu'il vient de faire entendre et qui nous rendront si » précieux le souvenir de cette journée.

» Les actes de dévouement, vous le savez, Messieurs, ne » sont pas toujours égaux en mérite : il existe des différences » et des degrés dans leur valeur; de là, nécessité de les » diviser par classes. Le Conseil municipal a jugé convena- » ble d'en établir quatre, à chacune desquelles il a attaché » une récompense. Je vais avoir l'honneur de vous les » indiquer sommairement.

» Dans la première, il a rangé les personnes qui déjà » s'étaient distinguées plusieurs fois d'une manière éclatante, » ou dont le nouvel acte de dévouement était particulière- » ment remarquable par la grandeur du danger couru.

» Dans la seconde, il a placé celles qui, pour la première » fois, ont sauvé quelqu'un, en s'exposant elles-mêmes à un » danger sérieux.

» La troisième renferme celles qui ont sauvé quelqu'un » sans avoir exposé leur vie au même degré que les précé- » dentes.

» Enfin, la quatrième comprend les personnes dont le » dévouement s'est signalé dans des circonstances moins » périlleuses encore.

» Poursuivant son œuvre, le Conseil a accordé, à la pre- » mière série, une médaille d'argent dite de première classe, » et, pour quelques-uns, une prime pécuniaire; à la seconde » série, une médaille d'argent de seconde classe ; à la » troisième, une médaille de bronze, et à la quatrième, » une mention honorable.

» Le nombre des personnes jugées dignes de récompense » s'est élevé à 100 (*), dont 16 dans la première classe; 46 » dans la seconde; 28 dans la troisième, et 10 dans la » quatrième.

(*) Sept de ces personnes ont obtenu une récompense double, ce qui porte à 107 le nombre des récompenses décernées.

» Vous ne vous étonnerez pas, Messieurs, qu'un si grand » nombre de belles actions se soient produites dans notre Cité; » Amiens, sous ce rapport, a fait ses preuves, et ses annales » attestent que, de tous temps, ses habitants ont poussé » l'abnégation et l'héroïsme jusqu'aux plus glorieuses limites.

» Hélas! faut-il le dire? C'est à ce sentiment généreux, aussi » bien qu'à celui du devoir, qu'il faut attribuer la perte, que » nous déplorons en ce moment, de l'un de nos concitoyens, » du brave Dangla, tué en combattant vaillamment, sous les » murs de Sébastopol! C'est aussi par le même mobile que, » naguère, un autre enfant d'Amiens, le sergent Dumont, » tombait héroïquement sur le champ de bataille de Zaatcha.

» Mais détournons nos regards de ces tristes et glorieux » tableaux qui ne sont pas les seuls que nous pourrions citer, » et reportons-les sur ce qui se passe autour de nous.

» S'agit-il de combattre le fléau de l'incendie, nous avons, » dans notre Cité, un admirable faisceau d'hommes entière- » ment dévoués, ne reculant devant aucun danger pour » préserver la vie ou la fortune de leurs concitoyens.

» S'agit-il de ces accidents malheureusement trop fréquents » dans une ville traversée par de nombreux cours d'eau, » nous trouvons toujours prêts à se dévouer pour sauver » leurs semblables, ceux à qui nous allons décerner des » récompenses, et je dirai même la population tout entière. » Aussi, lorsqu'un malheureux est à la merci des flots, on » voit aussitôt accourir sur le lieu du sinistre tout ceux qui » ont été assez heureux pour en être informés à temps. » Chacun s'empresse, chacun se hâte d'apporter le tribut de » son secours; et toujours il se trouve des hommes généreux » qui se jettent intrépidement au milieu du danger au risque » de devenir victimes de leur dévouement.

» Ce sentiment est porté si loin dans notre population,

» que nous l'avons vu, il y a peu de temps, s'élever à une » sorte de culte.

» Quatre frères, originaires d'Amiens, inspirés par un » ardent et égal amour de l'humanité, ne laissaient échapper » aucune occasion de se signaler par des actes de courage. » Dès qu'il s'agissait d'arracher à la mort une créature » humaine, ils étaient là. On les voyait s'élancer au secours » des victimes et affronter le péril avec une intrépidité » qui ne se démentit jamais.

» Tant de grandeur d'âme et d'abnégation ne pouvait » rester ignoré : la réputation de ces braves frères, d'abord » circonscrite dans les limites de cette Cité, s'étendit peu à » peu au dehors. Elle parvint jusqu'à l'Académie française » qui leur accorda à chacun une médaille d'or de 500 fr.; puis » elle s'éleva jusqu'aux pieds du Trône, et le Souverain voulut » récompenser cette honorable famille, en donnant à l'un » de ses membres la croix de la Légion d'Honneur.

» Nous dirons à ceux qui marchent sur les traces des » frères Potier : continuez, Messieurs, continuez toujours, » car vous êtes dans la bonne voie; et si un jour le sort » vous est assez favorable pour que vous ajoutiez à vos » services passés quelque action mémorable, soyez sûrs que » celui à qui Dieu a confié les destinées de la France, celui » qui veille constamment sur le sort des malheureux, saura » bien vous en récompenser. »

---

Après ce discours, les récompenses ont été distribuées dans l'ordre suivant :

| Nos D'ORDRE. | DÉSIGNATION DES PERSONNES RÉCOMPENSÉES. | Récompenses antérieures. | DATES DES FAITS. |
|---|---|---|---|
| | **MÉDAILLES ET RÉCOMPENSES de 1re** | | |
| 1 | AUBRAY (Amand), marchand de charbons, rue des Coches, 31, | M. 1re cl. 1840. | 29 Septembre 1846. 15 Juin 1849. |
| 2 | GUÉRIN (Louis), épicier, faubourg du Cours, 9, | | 15 Juin 1849. |
| 3 | GOSSELIN (Charles-Antoine), charcutier, rue des Corroyers, 59, | | |
| 4 | CARON (Eugène), ouvrier, à Renancourt, | M. 1re cl. 1844. | 5 Juillet 1847. 15 Août 1849. 1er Décembre 1850. |
| 5 | VACOSSIN (Joseph), ouvrier mécanicien, rue Motte, 61. | | 9 Septembre 1847. 29 Septembre 1851. |

| ANALYSE DES FAITS DE SAUVETAGE. | NATURE des Récompenses. |
|---|---|
| **D'ARGENT** | |
| **PÉCUNIAIRES** | |
| **Classe.** | |
| A traversé la Somme, à la nage, à 11 heures 1/2 du soir, pour retirer du canal à S^t-Maurice, le nommé Lucheux (Amédée), âgé de 28 ans, qui était en grand danger de périr; Et, avec l'aide des sieurs Guérin et Gosselin, a sauvé aussi la vie à la demoiselle Leroy, tombée dans la Somme, au même endroit. (Voir n^os 2 et 3). | R. P. (double). |
| Ont concouru à sauver la demoiselle Leroy, qui était tombée dans le canal de la Somme, à S^t-Maurice, et qui se serait infailliblement noyée sans leur secours et celui du sieur Aubray. (Voir le n° 1^er). | M.<br>M. |
| S'est jeté dans le canal de la Somme, au Maulcreux, à 9 heures du soir, dans un endroit profond de 6 à 7 mètres, et en a retiré saine et sauve Sophie Chartaux, de Bertangles.<br>A sauvé un enfant de 10 ans, en se jetant tout habillé dans le canal près du pont des Célestins.<br>Et avec le concours du sieur Pisson (Fortuné), a en outre sauvé la femme Faquez, tombée dans la Somme, en face de l'usine à gaz. (Voir le n° 75). | M. |
| A l'âge de 10 ans 1/2, s'est précipité dans la rivière de la rue des Majots, en un endroit ayant 4 mètres de profondeur, et en a retiré le jeune Louis Haguet, qui était en danger de se noyer.<br>S'est exposé dans un endroit profond de la rivière de la rue Motte, pour en retirer le jeune Fildart, âgé de 6 ans, sauvetage qu'il a accompli avec un succès complet. | 2 M. |

| N^os D'ORDRE. | DÉSIGNATION DES PERSONNES RÉCOMPENSÉES. | Récompenses antérieures. | DATES DES FAITS. |
|---|---|---|---|
| | *Médailles d'argent et Récompenses* | | |
| 6 | RÉGNIER (Théodore), soldat à la 2e compagnie d'ouvriers d'administration, en Afrique. | | 1847. 25 Avril 1848. |
| 7 | DESMEDT (Jean), ouvrier tailleur, à Lille, | | 29 Mai 1849. |
| 8 | DEBRY (Fréderic), décédé, (récompense à sa veuve). | R. P. 1837 R. P. et M. 1re cl. 1839. | 23 Juillet 1848. |
| 9 | BELLEGUISE (Charles-Désiré), débitant de boissons, rue du Moulin-Neuf, 15. | M. 1re cl. 1841. R. P. 1842. | 15 Mars 1851. |
| 10 | MÉCONTÉ (Florent-Louis), ouvrier, rue Pavée, 12. | R. P. 1837 et 1846. | 11 Septembre 1852. |
| 11 | GUIDÉ (Jules-Louis), Commissaire des ports, tambour-major de la Garde nationale, Chevalier de la Légion d'Honneur, rue de la Poissonnerie-d'Eau-Douce, 3. | Plusieurs M. 1838, 1841, 1842, 1844 et 1846. | 7 Août 1850. 21 Octobre 1851. 27 du même mois. |

| ANALYSE DES FAITS DE SAUVETAGE. | NATURE des Récompenses. |
|---|---|
| *…uniaires de 1re classe* (suite). | |
| A l'âge de 11 ans, a retiré de la rivière de St-Maurice, un jeune garçon de 6 ans. A sauvé un autre enfant de son âge, Léonard Lagache, qui était tombé dans la Somme, près de la scierie de M. Dehesdin. | M. |
| Quoique privé d'une jambe, s'est jeté dans la rivière des Marissons, et en a retiré le nommé (Jules) Nicolas, âgé de 8 ans. | M. |
| A sauvé d'une mort certaine le sieur François Hubaut, âgé de 40 ans, qui était tombé dans le canal près du boulevard du Cange. | R. P. |
| A sauvé la vie au sieur Thuillier (Louis-Henri), qui était tombé par accident dans la rivière des Teinturiers, à St-Maurice. | M. |
| S'est précipité du premier étage d'une maison dans la rivière de la rue d'Engoulvent, pour en retirer le jeune Bouvier (Benjamin), âgé de 12 ans. | M. |
| A sauvé la jeune Philippe qui était tombée dans l'eau au port d'Aval. (Voir nos 51, 64 et 72). | (M. br.) |
| S'est précipité dans le canal, à St-Maurice, au secours de l'enfant Chatelain, âgé de 4 ans, qu'il ramena heureusement, au moment où il allait passer sous une vanne. A 10 heures du soir et malgré l'obscurité, a retiré de dessous un bateau, au port d'Aval, le nommé **Lesueur, qui se noyait.** | M. |

| Nos D'ORDRE. | DÉSIGNATION DES PERSONNES RÉCOMPENSÉES. | Récompenses antérieures. | DATES DES FAIT |
|---|---|---|---|
| | ***Médailles d'argent et Récompens*** | | |
| 12 | DUQUENOY (PIERRE-FRANÇOIS), ouvrier cordonnier, route de Paris, 138. | | 15 Mars 1853. 29 du même mois. |
| 13 | PIE (FIDÈLE-CONSTANT), menuisier, rue de la Poissonnerie-d'Eau-Douce, 11. | M. H. 1844 et M. de br. 1846. | 26 Avril 1853. |
| 14 | FÉRET (THÉODORE-ARTHUR), apprenti serrurrier, rue St-Leu, 60. | | 19 Août 1853. |
| 15 | FICQUET (LOUIS-FÉLIX), ouvrier cordonnier, rue du Faubourg-de-Hem, 8. | | 21 Août 1853. |
| 16 | VOITURIER (J.-Bte-PASCAL), sergent-major de police, rue de la Queue-de-Vache, 43. | | 29 Octobre 1844. 10 Août 1853. |

| ANALYSE DES FAITS DE SAUVETAGE. | NATURE des Récompenses. |
|---|---|
| ***uniaires de 1re classe* (suite).** | |
| Est descendu dans un puits, profond de 25 mètres, ıu faubourg deBeauvais, et a sauvé, non sans un grand ıéril pour lui-même, la demoiselle Porchez, qui était ur le point d'y périr. Il se distingua d'une manière non moins remarquable, l'incendie de la rue du Moulin-du-Roi, où il sest brûlé ;rièvement à la figure. | M. et R. P. |
| S'est précipité dans la rivière de la Poissonnerie-l'Eau-Douce, qui est profonde de 2 mètres et dont le ourant est très-rapide, pour porter secours à la jeune )upont, âgée de 9 ans, et il a été assez heureux pour a sauver au moment où elle allait passer sous les ̷annes de la machine hydraulique du pont St-Michel. | M. |
| A l'âge de 15 ans, a sauvé d'une mort certaine, le jeune )anteuil, qui était tombé dans le canal des Minimes. Vu ıon jeune âge, il a montré dans cette circonstance un ;ourage et un dévouement remarquables. | M. |
| D'une mauvaise santé et père d'une nombreuse famille, il n'a pas craint d'exposer ses jours pour sauver, ı 10 heures 1/2 du soir, près de la scierie de M. Debesdin, une femme qui s'était volontairement jetée dans la Somme. | M. |
| A arrêté, non sans péril, des chevaux épouvantés, sur le boulevard de l'Est. S'est jeté tout habillé, d'une hauteur de 2 mètres environ, dans la rivière de la rue des Majots, près du pont du Don et a sauvé un enfant de 9 ans, Victor Boidin, qui allait périr. Voiturier a failli, dans cette circonstance, devenir victime de son dévouement. | M. |

| Nos D'ORDRE. | DÉSIGNATION DES PERSONNES RÉCOMPENSÉES. | Récompenses antérieures. | DATES DES FAITS. |
|---|---|---|---|

# MÉDAILLES

## ET RÉCOMPENSES

### de 2me

| | | | |
|---|---|---|---|
| 17 | COLAS (JEAN-BAPTISTE-HONORÉ), ouvrier mécanicien, chaussée St-Pierre, 7. | | 23 Août 1846. |
| 18 | ROSE (LOUIS), charpentier, rue du Don, 1er. | | 10 Septembre 1846. |
| 19 | LAFFRAY (J.-Bte-CLÉMENT), ancien ouvrier des plantations communales, aujourd'hui à l'hospice St-Charles. | | 29 Décembre 1846. |
| 20 | PRÉVOST (LOUIS-CHARLES), rattacheur, rue des Bondes, 6. | | 23 Juillet 1847. |
| 21 | FOURNIER (Louis-Corentin-Colombe), ouvrier fondeur, rue des Clairons, 11. | | 13 Juillet 1847. |
| 22 | CAMPION (LOUIS-HENRI-ISIDORE), portefaix, rue des Hautes-Cornes, 3. | | 21 Juillet 1847. |

| ANALYSE DES FAITS DE SAUVETAGE. | NATURE des Récompenses. |
| --- | --- |
| **'ARGENT** | |
| **·ÉCUNIAIRES** | |
| **sc.** | |
| A sauvé le jeune Florimond Filliot, âgé de 7 ans, ui était tombé à l'écluse de St-Maurice, dans un endroit ù il n'y a pas moins de 3 mètres d'eau. | M. |
| A sauvé l'enfant Caty, tombé dans l'eau, au pont u Don, où la rivière est profonde et rapide. | M. |
| S'est précipité courageusement dans la rivière de Selle, rès du jardin de la Petite-Hotoie, malgré un froid igoureux, pour sauver la nommée Joséphine Piolé, gée de 19 ans. | R. P. |
| A l'âge de 10 ans 1/2, il s'est jeté à l'eau, à 9 heures u soir et a sauvé d'une mort certaine, la fille du sieur .mbroise, jardinier, âgée de 3 ans 1/2, tombée dans la ivière de la rue du Moulin-Neuf. | M. |
| A sauvé son camarade, âgé de 13 à 14 ans, tombé ans le canal près du pont de Baraban, et il a failli érir avec lui, entraîné par le courant. | M. |
| S'est jeté dans la Somme, près du pont du Cange, ù il n'y a pas moins de deux mètres d'eau, et en a etiré le jeune Lecointe qui eut infailliblement péri ans son secours. | R. P. |

| Nos D'ORDRE. | DÉSIGNATION DES PERSONNES RÉCOMPENSÉES. | Récompenses antérieures. | DATES DES FAITS. |
|---|---|---|---|
| | *Médailles d'argent et Récompenses* | | |
| 23 | DESMAREST (Louis-Florent), garçon brasseur, rue Blanquetaque, 16. | | 15 Août 1847. |
| 24 | JOLY (Jean-Baptiste), jardinier, chemin de Halage, faubourg St-Pierre. | | 23 Août 1847. |
| 25 | DERVELOY (Jacques-Édouard), ouvrier, rue des Bouchers, 44. | | 7 Juin 1848. |
| 26 | HERBETTE (Jean-Baptiste), ouvrier, rue Fontaine, 30. | | 22 Juin 1848. |
| 27 | COLIN (Édouard-Hippolyte), ouvrier menuisier, rue St-Roch, 72. | | Juin 1848. |
| 28 | DUBOIS (Joseph-Louis), ouvrier, rue du Quai, 29. | | |
| 29 | DOMONT (Hippolyte), serrurier, rue Pavée, 2. | | 14 Juillet 1848. |

| ANALYSE DES FAITS DE SAUVETAGE. | NATURE des Récompenses. |
|---|---|
| *cuniaires de* **2me** *classe* **(suite).** | |
| A sauvé d'une mort certaine et au péril de ses jours, le nommé Piolé, qui se noyait sous des bateaux près du pont de Baraban. | M. |
| S'est précipité dans la rivière de la rue des Clairons et a sauvé d'une mort certaine, Valery Dubois, âgé de 13 ans 1/2 et Joséphine Topin, âgée de 8 ans, tombés en même temps dans cette rivière. | M. |
| A sauvé la vie à Alfred Godbert, âgé de 9 ans, qui était tombé dans la Somme. | R. P. |
| A retiré du canal du Jardin des plantes, le nommé Jean-Baptiste Dabonneville, âgé de 7 ans 1/2, qui était en danger d'y périr. | R. P. |
| S'est précipité dans un endroit profond du canal de la Somme, pour en retirer Maurice Jovelet, qui se noyait. | M. |
| A retiré plusieurs personnes de l'eau et s'est distingué dans divers incendies. | M. |
| A retiré avec beaucoup de difficulté, de la rivière de la rue des Rinchevaux, la demoiselle Aieu, qui avait déjà perdu connaissance et qui, par ses soins empressés, fut rappelée à la vie. | M. |

| N^os D'ORDRE. | DÉSIGNATION DES PERSONNES RÉCOMPENSÉES. | Récompenses antérieures. | DATES DES FAITS. |
|---|---|---|---|
| | ***Médailles d'argent et Récompenses*** | | |
| 30 | LEGRAND (F^ois-Fleur dit Florent), pêcheur, quai de la Somme, 88. | | Octobre 1847. |
| 31 | GAUDEFROY (Alexis), fileur, rue Ledieu, 32. | | 1^er Octobre 1848.<br>7 Août 1850. |
| 32 | THIOLOY (Augustin-Béloni), ouvrier menuisier, rue de la Barette, 14. | | 20 Mars 1849. |
| 33 | BOUVIER (Joseph-Yves-Charles), coupeur, rue Canteraine, 3. | | 3 Avril 1849. |
| 34 | PETIT (Victor), ouvrier teinturier, rue de l'Église, à S^t-Maurice. | | 5 Mai 1849. |
| 35 | BUIGNET (F^ois-Adolphe-Désiré), débitant de boissons, rue de la Hotoie, 44. | | 6 Juin 1849. |

| ANALYSE DES FAITS DE SAUVETAGE. | NATURE des Récompenses. |
| --- | --- |
| *…cuniaires de 2me classe,* (suite). | |
| En deux circonstances différentes a sauvé la vie à deux personnes qui étaient tombées accidentellement dans le canal de la Somme. | M. |
| Vers minuit, le sieur Guérin (Joseph) tomba dans la Somme, vis-à-vis le boulevard du Port. Le sieur Gaudefroy, qui se trouvait de l'autre côté de cette rivière, sur le chemin de Halage, la traversa à la nage et malgré l'obscurité, fut assez heureux pour le ramener sain et sauf. | R. P. |
| A sauvé, en outre, la demoiselle Philippe, âgée de 16 ans, qui était tombée à l'eau, au port d'Aval, en passant sur une planche pour se rendre dans un bateau avec sa jeune sœur. (Voir nos 11, 64 et 72). | R. P. (3e classe.) |
| S'est jeté à la nage dans la Somme au port d'Amont, et a sauvé Auguste Éloy, âgé de 12 ans, au moment où il allait passer sous un bateau. | M. |
| Ne sachant pas nager, a exposé sa vie en se précipitant dans la rivière, au puisoir de la rue St-Maurice, pour aller sauver, sous la voûte du pont de la rue St-Leu, Auguste Dumuin, âgé de 7 ans. | M. |
| A retiré du canal, près de l'Écluse St-Maurice, Firmin Lalou, âgé de 10 ans, qui était sur le point de périr. | R. P. |
| S'est précipité tout habillé dans le bassin du canal et en a retiré François Howel, âgé de 61 ans, au moment où il allait disparaître. | M. |

| Nos D'ORDRE. | DÉSIGNATION DES PERSONNES RÉCOMPENSÉES. | Récompenses antérieures. | DATES DES FAITS. |
|---|---|---|---|
| | *Médailles d'argent et Récompenses* | | |
| 36 | BETTEMBOS (Jules-Joseph), ouvrier ferblantier, rue des Granges, 33. | | 13 Juin 1849. 14 Juillet 1849. 23 Août 1849. |
| 37 | BONA, sergent, au 23e léger. | | 28 Août 1849. |
| 38 | et RANSON, voltigeur, au 23e léger. | | 28 Août 1849. |
| 39 | POINTEL (Édouard), tisseur, actuellement à Paris. | | 15 Septembre 1849. |
| 40 | LÉGUILLIER (Jean-Baptiste), ouvrier teinturier, rue des Majots, 52. | | 4 Octobre 1849. |
| 41 | LEROY (Joséphine), femme ROUSSEAU, rue des Minimes, 5. | | 9 Octobre 1849. |
| 42 | LUCHEUX (Charles-Bernard-Amédée), couvreur, rue Ledieu, 49. | | 9 Mars 1850. |

| ANALYSE DES FAITS DE SAUVETAGE. | NATURE des Récompenses. |
|---|---|
| ***cuniaires de 2me classe* (suite).** | |
| A sauvé trois enfants qui étaient tombés dans l'eau : Gustave Ledez, âgé de 4 ans, Arsène Gamard, âgé de 5 ans et Jules Ruhaut, âgé de 6 ans. | 2 M. |
| Ont exposé leur vie pour sauver 3 dames qui étaient tombées dans le canal de la Somme, près de la citadelle, ayant été entraînées avec le cabriolet dans lequel elles se trouvaient. | M.<br>M. |
| A 9 heures 1/2 du soir, une voiture contenant huit personnes, est tombée dans l'eau au pont de Baraban.<br>Edouard Pointel, arrivé aux premiers cris, sur les lieux de l'accident, s'est précipité dans la rivière, malgré l'obscurité de la nuit et a sauvé une petite fille qui se trouvait au fond de l'eau. Cet homme en plongeant a reçu deux coups de pied de cheval. | M. |
| A 9 heures du soir, s'est jeté dans la rivière de la rue des Majots, près du pont du Don et a sauvé la vie à la dame Fertel. | M. |
| Vers 5 heures du soir, s'est jetée dans la rivière de la rue des Parcheminiers, pour sauver la vie à Adolphe Chevalier, âgé de 3 ans, qui s'y était laissé tomber. | R. P. |
| S'est jeté à la nage, pour sauver Alexandre Maison, âgé de 7 ans, tombé dans le canal de la Somme, près de la fontaine d'Amour. | M. |

| Nos D'ORDRE. | DÉSIGNATION DES PERSONNES RÉCOMPENSÉES. | Récompenses antérieures. | DATES DES FAITS. |
|---|---|---|---|
| | *Médailles d'argent et Récompenses* | | |
| 43 | LEUILLET (GUILLAIN-JOSEPH), garçon brasseur, rue St-Leu, 158. | | 30 Mars 1850. |
| 44 | BOCQUET (THÉOPHILE), fort à la Halle aux grains, Quai de la Somme, 26. | | 26 Mai 1850. |
| 45 | DECOUSU (ALEXANDRE), actuellement soldat au 3e de ligne. | | 20 Juin 1850. |
| 46 | FORTIN (CAMILLE), ourdisseur, rue des Clairons, 73. | | 17 Juillet 1850. |
| 47 | FAVRY (AUGUSTE-Fois-SCÉVOLA), aubergiste, chaussée St-Pierre, 2. | | 19 Juillet 1849.<br>7 Juillet 1850. |
| 48 | BOYELDIEU (NICOLAS), concierge, à Renancourt. | | 30 Juillet 1850. |
| 49 | BONNEFONDS, sergent-major au 9e léger. | | 19 Août 1850. |

| ANALYSE DES FAITS DE SAUVETAGE. | NATURE des Récompenses. |
|---|---|
| ***cuniaires de 2me classe* (suite).** | |
| A 11 heures du soir, s'est jeté dans la rivière de la rue des Bouteilles et en a retiré le sieur Lefebvre-Joly, au moment où il allait passer sous la vanne d'un moulin. | M. |
| A 9 heures du soir, malgré l'obscurité, s'est précipité dans le canal de la Somme, à St-Maurice et en a retiré la nommée Flore Dheilly. | M. |
| S'est jeté à l'eau, pour secourir le jeune Flamme, âgé de 11 ans, tombé dans la rivière de la Queue-de-Vache. | M. |
| S'est précipité dans la rivière de la rue des Clairons et en a retiré Léocadie Daussy, enfant de 6 ans. | R. P. |
| S'est jeté tout habillé en face de la Citadelle, dans un endroit du canal de la Somme, profond de 2m 50 et en a retiré Charles Leloir, âgé de 10 ans.<br>A 3 heures du matin, a sauvé la vie à Maurice Caron, ouvrier grilleur, qui était tombé dans la rivière de la Cour de Mai. | M. |
| Quoique ne sachant pas nager, s'est jeté dans la rivière de Selle, à Renancourt, et en a retiré le sieur Léraillé et sa fille qui périssaient sans son secours. | R. P. |
| S'est précipité dans la rivière de Selle, près de la Petite Hotoie, endroit profond et vaseux, pour porter secours aux nommés Gamard et Boidin. Ce dernier a pu être sauvé; mais Gamard a péri, après avoir failli entraîner le sieur Bonnefonds. | M. |

| N^os D'ORDRE. | DÉSIGNATION DES PERSONNES RÉCOMPENSÉES. | Récompenses antérieures. | DATES DES FAITS. |
|---|---|---|---|
| | ***Médailles d'argent et Récompenses*** | | |
| 50 | TRAMCOURT (VICTOR), rentier, quai de la Somme, (décédé). Récompense remise à ses enfants. | | 19 Avril 1851. |
| 51 | MOLLET (JEAN-B^te-FRANÇOIS), ouvrier tisseur, rue des Clairons, 59. | | 21 Avril 1852. |
| 52 | BACHIMONT (JOSEPH-J.-B^te). encolleur, route de Doullens, 53. | R. P. en 1839 et 1844 M. de 1^re cl. en 1840, M. H et M. de br. en 1842. | 8 Décembre 1851. |
| 53 | VIOLETTE (AUGUSTE-CHARLES), facteur du Marché de Lanselles. | | 13 Juin 1852. |
| 54 | DELATTRE (FRANÇOIS-J.-B^te), ramasseur de cendres, route de Doullens. | | 8 Septembre 1852. |
| 55 | THIERRY (JEAN-B^te-AUGUSTIN), perruquier, rue du Don, 45. | | 2 Janvier 1853. |

| ANALYSE DES FAITS DE SAUVETAGE. | NATURE des Récompenses. |
|---|---|
| ***uniaires de 2me classe* (suite).** | |
| S'est précipité dans la Somme et en a retiré le nommé Floury, maçon, qui allait périr. | M. |
| A retiré de l'eau le nommé Amable Visière, tombé ans la rivière de la rue des Clairons. | M. |
| S'est jeté, venant de manger, dans la rivière de la ue des Clairons, profonde de 1 m 60, pour en retirer le ommé Jean-Baptiste Lemoine, âgé de 69 ans. | M. |
| A sauvé un enfant de 8 à 10 ans, près de périr au ont du Don. | M. |
| A cherché à sauver le jeune Désiré Boileau tombé ans le canal de la Somme; malheureusement ses fforts ont été vains, l'enfant s'étant trouvé engagé ous une vanne; mais il n'a pas moins fait preuve d'un rand courage en se jetant dans l'eau à cet endroit ui est profond et dangereux. | M. |
| S'est précipité, à 6 heures du soir, d'une hauteur le 3 mètres environ, dans la rivière de la rue du Don t en a retiré la veuve Pégard, âgée de 70 ans. Le sieur Thierry avait déjà sauvé antérieurement lusieurs autres personnes. | M. |

| Nos D'ORDRE. | DÉSIGNATION DES PERSONNES RÉCOMPENSÉES. | Récompenses antérieures. | DATES DES FAITS. |
|---|---|---|---|
| | *Médailles d'argent et Récompense* | | |
| 56 | MACHUEL (J-Bte-Arsène-Joseph), fort à la Halle aux grains, Grande rue St-Maurice, 188. | | 21 Juillet 1853. |
| 57 | LABBÉ (Pierre-Guillain), ancien militaire, rue St-Leu, 60. | | 19 Août 1853. |
| 58 | VASSEUR (Jean-Baptiste), tisseur, rue des Marissons, 46. | | 14 Novembre 1853. |
| 59 | LAMARRE (Honoré), ouvrier menuisier, rue du Long-Rang, 18. | | 20 Novembre 1848. |
| 60 | BENY (Alfred-Adonis), imprimeur, rue de l'Église, 24. à St-Maurice. | | 1853.<br>16 Août 1854. |
| 61 | HUPPELIER (Joseph), batelier, à Condé (Nord). | | 11 Juin 1853. |

| ANALYSE DES FAITS DE SAUVETAGE. | NATURE des Récompenses. |
| --- | --- |
| *…uniaires de* **2me** *classe*, (suite). | |
| A 11 heures du soir et après de grands efforts, est parvenu à sauver la vie à la femme Windger, qui était tombée dans la Somme. Le sieur Machuel a couru un danger sérieux et ce n'est qu'avec l'aide d'une barque que le sieur Beurrier, batelier, a conduite vers lui, qu'il est parvenu à se retirer de l'eau avec la femme qu'il sauvait. (Voir n° 92). | M. |
| Quoiqu'âgé et porteur de plusieurs blessures, s'est jeté à l'eau au port d'Aval, pour retirer un enfant de 8 ans. Il s'est foulé le pied en accomplissant cet acte de courage, et a dû être transporté à l'Hôtel-Dieu. | M. |
| S'est mis à l'eau, venant de manger, pour retirer de la rivière des Marissons, Aimée Griois, âgée de 8 ans, qui eût certainement péri sans son secours. | R. P. |
| S'est distingué dans un incendie au faubourg de Beauvais. Il a préservé du feu des bâtiments remplis de récoltes; ses vêtements furent brûlés par suite de son long séjour sur un toit. | M. |
| A retiré de la Somme un enfant de 10 ans, le jeune Élie Deflesselle, et l'année suivante, le nommé Lavallée (Victor), âgé de 7 ans 1/2. Dans cette dernière circonstance, il sortait de prendre son repas et a été gravement indisposé. | M. |
| A retiré du canal de la Somme, sous le pont du Maulcreux, endroit très-profond, le jeune Florent Moreau, âgé de 9 ans. Cet enfant aurait péri, sans le prompt secours qui lui fut porté par le sieur Huppellier. | M. |

| Nos D'ORDRE. | DÉSIGNATION DES PERSONNES RÉCOMPENSÉES. | Récompenses antérieures. | DATES DES FAITS. |
|---|---|---|---|
| | ***Médailles d'argent et Récompenses*** | | |
| 62 | MAHEN (CHARLES), ouvrier teinturier, Grande rue St-Maurice, 25. | M. B. 1841. | 14 Août 1852. |

## MÉDAILLES
## ET RÉCOMPENSES
**de 3me**

| Nos D'ORDRE. | DÉSIGNATION DES PERSONNES RÉCOMPENSÉES. | Récompenses antérieures. | DATES DES FAITS. |
|---|---|---|---|
| 63 | LANGELLÉE (ARSÈNE-ALPHONSE), cantonnier du canal, à Camon. | | 14 Septembre 1846. 16 Mai 1848. |
| 64 | LADENT (J.-Bte-MAXIMILIEN), ouvrier du port, place du Port-d'Aval, 11. | M. H. en 1842 et 1846, R. P. en 1844. | 26 Novembre 1846. 7 Avril 1850. 7 Août 1850. |
| 65 | SAUNIER (PIERRE), sergent, au 70e de ligne. | | 31 Décembre 1846. |
| 66 | CHAYOUX (PIERRE-LOUIS), grenadier au 70e de ligne. | | |
| 67 | et MELIN (FRANÇOIS), grenadier au 70e de ligne. | | |
| 68 | et MAILLOT (FRANÇOIS), fusilier, au 70e de ligne. | | |

| ANALYSE DES FAITS DE SAUVETAGE. | NATURE des Récompenses. |
|---|---|
| ***uniaires de 2me classe*, (suite).** | |
| S'est jeté dans la rivière des Teinturiers, à St-Maurice, profonde de deux mètres, et en a retiré le sieur Lefèvre (Éloi), âgé de 60 ans. | M. |
| **E BRONZE** | |
| **PÉCUNIAIRES** | |
| **sse.** | |
| A sauvé un enfant de 7 ans qui était tombé dans la Somme, près de la Passerelle,<br>Et un autre enfant âgé de 12 ans, qui se noyait dans le canal près de la porte St-Pierre. | M. |
| A sauvé Alexandre Mortier, âgé de 7 ans, au port d'Aval.<br>A retiré du même endroit le sieur Boulanger, à dix heures du soir.<br>S'est précipité au secours des demoiselles Philippe, en même temps que les sieurs Gaudefroy, Guidé et Buignet. (Voir nos 11, 31 et 72). | 2 M. |
| Se sont particulièrement distingués à l'incendie qui a éclaté pendant la nuit chez M. Gournay, rue Haute-des-Tanneurs. | M.<br>M.<br>M.<br>M. |

***Médaille de Bronze et Récompense***

| N^os D'ORDRE. | DÉSIGNATION DES PERSONNES RÉCOMPENSÉES. | Récompenses antérieures. | DATES DES FAITS. |
|---|---|---|---|
| 69 | LEFEBVRE (Germain-Alexandre), ouvrier teinturier, rue Basse-des-Tanneurs, 74. | R. P. en 1836 et 1841, M. H. en 1838, 1842 et 1846. | 28 Février 1847. |
| 70 | CANDILLON (Louis-Auguste), ouvrier, rue du Pont-du-Cange, 7. | | 30 Mai 1847. |
| 71 | DELACOURT (Joseph-Gaétan), camionneur, rue du Guindal, 7. | | 9 Juin 1850. |
| 72 | BUIGNET (Mathieu), ouvrier du Port, petite rue du Quai, 14. | M. H. 1841. | 7 Août 1850. |
| 73 | MARSEILLE (Amable-Alfred), actuellement soldat, au 2e Hussards. | | 22 Juillet 1849. |
| 74 | DUMÉNIL (Virginie), femme THIERRY (Félix), rue du Don, 7. | | 21 Septembre 1850. |
| 75 | DAVID, clairon, au 9e léger. | | 15 Octobre 1850. |

| ANALYSE DES FAITS DE SAUVETAGE. | NATURE des Récompenses. |
| --- | --- |
| *cuniaires de 3me classe,* (suite). | |
| S'est jeté à l'eau, à 5 heures du soir, près du pont de la place de la Tuerie et a sauvé François Corblet, âgé de 70 ans. | R. P. |
| A sauvé Amable Benoist, âgé de 7 ans, qui était tombé à l'eau au pont de Baraban. | R. P. |
| A sauvé un enfant de 7 à 8 ans, nommé Sclet, tombé dans la rivière du Quai. | M. |
| En même temps que les sieurs Gaudefroy, Guidé et Ladent, s'est précipité au secours de deux jeunes filles nommées Philippe. (Voir nos 11, 31 et 64). | M. |
| A retiré d'un endroit profond et vaseux de la rivière de Selle, un enfant de 5 ans. | M. |
| A sauvé un enfant de 5 ans, tombé dans la rivière du Don. | M. |
| S'est précipité tout habillé, dans le bassin du Canal, près du Jardin des plantes, et a ramené sain et sauf, Alexandre Coliette, âgé de 6 ans. | M. |

| Nos D'ORDRE. | DÉSIGNATION DES PERSONNES RÉCOMPENSÉES. | Récompenses antérieures. | DATES DES FAITS. |
|---|---|---|---|
| | ***Médailles de Bronze et Récompenses*** | | |
| 76 | PISSON (Frédéric-Fois-Fortuné), employé d'octroi, Grande rue de Beauvais, 134. | | 1er Décembre 1850. |
| 77 | CARPENTIER (Ch.-Jules-Joseph), ouvrier cordonnier, rue des Majots, 45. | | 19 Avril 1851. |
| 78 | FORMANTIN (J.-Bte-Amédée), garçon charcutier, rue du Quai, 25. | | 20 Août 1851. |
| 79 | CORBILLON (Louis-Aimable), ouvrier cordonnier, rue Basse-des-Tanneurs, 80. | | 6 Mai 1852. |
| 80 | DUPUIS (Louis-François), rue des Coches, 48. | | 8 Août 1853. |
| 81 | JOURDAIN (Amable], ouvrier teinturier, rue des Archers, 11. | | 30 Août 1852. |
| 82 | MARCHAND (Amand-J.-Bte) actuellement aux Batignolles | | 16 Mars 1853. |
| 83 | et CONIN (Casimir-François), ouvrier teinturier, rue du Pont-d'Amour, 6. | | |

| ANALYSE DES FAITS DE SAUVETAGE. | NATURE des Récompenses. |
| --- | --- |
| ***'cuniaires de 3me classe*, (suite).** | |
| A sauvé, en face de l'usine à gaz à St-Maurice, avec l'aide du sieur Caron, la femme Facquet, qui était sur le point de se noyer dans la Somme. (Voir n° 2). | M. |
| A sauvé Emile Filliot, qui était tombé par accident dans la rivière de la rue des Poirés. | M. |
| A sauvé deux enfants qui étaient tombés dans l'eau rue du Quai. | M. |
| A retiré du canal de la rue Riquier, le jeune Décalogne, âgé de 6 ans. | M. |
| Quoiqu'âgé seulement de 14 ans et sortant de manger, s'est jeté tout habillé dans la rivière des Parcheminiers et a sauvé la vie à Henri Porte, âgé de 7 ans. | M. |
| A sauvé le jeune Merlier, âgé de 4 ans 1/2, qui était sur le point de se noyer, dans le Canal en face de la Citadelle, | M. |
| Ont retiré de la rivière de la rue des Granges, les nommées Zoé et Pélagie Géroux, qui étaient tombées dans cette rivière avec une voiture. | M.<br>R. P. |

| Nos D'ORDRE. | DÉSIGNATION DES PERSONNES RÉCOMPENSÉES. | Récompenses antérieures. | DATES DES FAITS. |
|---|---|---|---|
| | ***Médailles de Bronze et Récompense*** | | |
| 84 | DEMAILLY (Auguste-Alfred), employé chez M. Butard, rue de la Veillère. | | 2 Novembre 1853. |
| 85 | DIEU (Séraphin), garçon de magasin, rue des Majots, 75. | | 29 Mai 1854. |
| 86 | DUPETIT (J.-Bte-Nicolas), coupeur, rue Tappeplomb, 18. | | 20 Juillet 1854. |
| 87 | LEJEUNE (Alfred), peintre, rue Haute-des-Tanneurs, 36. | | 9 Septembre 1854. |
| 88 | GALET (Charles), contremaître, rue Jacquart, 20. | | 12 Juin 1852. |
| 89 | DELEAU (Clément), ouvrier, rue du Don, 11. | | 6 Novembre 1853. |
| 90 | WALLET (Félix-J.-Bte). tisseur, rue des Paniers, 49. | | Juin 1849.<br>14 Août 1849. |

| ANALYSE DES FAITS DE SAUVETAGE. | NATURE des Récompenses. |
|---|---|
| *cuniaires de 3^me classe*, (suite). | |
| A retiré de la rivière du Moulin-Neuf, François Lelièvre, âgé de 5 ans. | M. |
| A retiré de la rivière de la rue d'Engoulvent, le jeune Robert (Eugène), âgé de 10 ans 1/2. | M. |
| S'est précipité, venant de diner, dans la rivière de la rue S^te-Claire, au secours du jeune Arthur Brunel, qui était en grand danger de périr. | M. |
| A sauvé d'une mort imminente, dans le canal près de la porte S^t-Pierre, Arthur Deriquehem, âgé de 5 ans. | M. |
| A retiré de la rivière de la rue du Moulin-Neuf, Eugène Laperle, âgé de 6 ans. | M. |
| A 9 heures du soir, a retiré de la rivière du Don le sieur Sorel, cultivateur, à Beaussart. | R. P. |
| A retiré de la rivière de la rue des Paniers, le jeune Delattre, âgé de 6 ans. A sauvé aussi la vie à Marie-Rose Durand, âgée de 4 ans 1/2, tombée dans la rivière de la rue Canteraine. | R. P. |

| Nos D'ORDRE. | DÉSIGNATION DES PERSONNES RÉCOMPENSÉES. | Récompenses antérieures. | DATES DES FAITS. |
|---|---|---|---|
| | | | **MENTIONS** |
| 91 | SCELLIER-DUROZELLE, propriétaire, rue de la Queue-de-Vache. | | 20 Juin 1850. |
| 92 | BEURIER (Pierre), batelier, à Abbeville. | | 21 Juillet 1853. |
| 93 | LEJEUNE (Éloi), débitant de boissons, rue du Quai. | | 9 Juin 1850. |
| 94 | PHILIPPE (Gustave-Adolphe), ouvrier mécanicien, Petite rue du Quai, 14. | | |
| 95 | RAMBOU (Joseph-François), ouvrier mécanicien, rue Ste-Catherine. | | 3 Mai 1848. |
| 96 | ALLO, ouvrier teinturier, rue de la Crevasse. | | 15 Septembre 1849. |

| ANALYSE DES FAITS DE SAUVETAGE. | OBSERVATIONS |
|---|---|
| **ONORABLES.** | |
| A aidé au sieur Decousu à retirer de la rivière de la rue de la Queue-de-Vache, le jeune Flamme qui y était tombé par accident. | Voir N° 45. |
| A contribué au sauvetage de la femme Windger, qui a été retirée du canal de la Somme, par le sieur Machuel, fort à la Halle aux grains. | Voir N° 56. |
| S'est précipité au secours de l'enfant Sclet, qui se noyait dans la rivière du Quai; mais il tomba sur des pierres qui le blessèrent au talon, et ce fut le sieur Delacourt qui retira l'enfant de l'eau. | Voir N° 71. |
| Avec l'aide d'un bateau, sauva un enfant de 5 ans, qui était tombé à l'eau au port d'Aval. Il se mit dans la rivière jusqu'à la ceinture pour retirer cet enfant. | |
| A retiré du contre-fossé du Canal, un enfant de 7 ans. | |
| A aidé avec zèle, mais sans courir de danger sérieux, à retirer de l'eau plusieurs personnes tombées avec leur voiture dans la Somme, près du pont de Baraban. | Voir N° 39 |

| Nos D'ORDRE. | DÉSIGNATION DES PERSONNES RÉCOMPENSÉES. | Récompenses antérieures. | DATES DES FAITS. |
|---|---|---|---|
| | | | ***Mentions hono*** |
| 97 | POTEL (Jérome), mécanicien, route d'Albert, | | 18 Mai 1850. |
| 98 | DÉGACHE (Édouard-Augustin), marinier, à Condé (Nord). | | |
| 99 | DENAIN (Domice), tambour de la Garde nationale, rue Quincampoix. | | 23 Août 1852. |
| 100 | VASSEUR (Amable), ouvrier, rue du Bas-Vidame. | | 30 Juillet 1854. |

| ANALYSE DES FAITS DE SAUVETAGE. | OBSERVATIONS |
|---|---|
| *les*, **(suite).** | |
| Le nommé Jules Lefebvre, âgé de 9 ans, étant tombé dans le canal en face de la citadelle, M. Potel s'est précipité à son secours ; mais emporté par le courant il s'est vu obligé de regagner la rive. En ce moment, le sieur Dégache s'est jeté à l'eau et est parvenu à ramener l'enfant sain et sauf. | |
| A retiré de l'eau Hubert Louchet, àgé de 34 ans, au pont du Maulcreux. | |
| A sauvé Arthur Lamarre, âgé de 6 ans, qui venait de passer sous un bateau, au port d'Aval. | |

Et le présent procès-verbal a été dressé les mêmes jour, mois t an que dessus.



Suivent les signatures.

*Pour copie conforme,*

Le Maire,

**ALLART.**

# LISTE ALPHABÉTIQUE

DES

# PERSONNES RÉCOMPENSÉES.

AMIENS, IMP. DE E. YVERT, RUE SIRE-FIRMIN-LEROUX, 24.

www.ingramcontent.com/pod-product-compliance
Lightning Source LLC
LaVergne TN
LVHW020249230826
846091LV00006B/2322

* 9 7 8 2 0 1 1 2 6 1 2 4 3 *